संवेदना

Shikhar Puri

BookLeaf Publishing
India | USA | UK

Made with ❤ on the BookLeaf Publishing Platform
www.bookleafpub.in
www.bookleafpub.com

Dedication

मेरे माता-पिता को, जिन्होंने मुझे शब्दों की दुनिया में पंख दिए और मेरी कविताओं के मंच पर जाने, साहित्यिक संगोष्ठियों में भाग लेने और अपनी भावनाएँ व्यक्त करने का अवसर दिया।

अपने भाई-भाभी और समस्त परिवारजनों को, जिनके स्नेह, विश्वास और आशीर्वाद ने मेरे हर शब्द को अर्थ और हर पंक्ति को जीवन दिया।

Preface

शब्द मेरे लिए केवल अभिव्यक्ति नहीं, बल्कि आत्ममंथन का माध्यम हैं। जब-जब जीवन ने प्रश्न किए, मैंने कविताओं में उत्तर खोजे। जब-जब परिस्थितियों ने मौन किया, शब्दों ने सहारा दिया। जब अक्षर, शब्दों के माध्यम से कविता बने, अपार ख़ुशी की अनुभूति हुई।

अक्षरों से शब्द क्रमशः, पक्तियाँ बन जाएंगे,
सुरों की लय ताल पाकर, गीत गुनगुनायेंगे।

यह संग्रह जीवन-यात्रा के अनुभवों से जन्मी भावनाओं का संकलन है। इन कविताओं में विचारों का आग्रह नहीं, केवल अनुभवों से जागी संवेदनायें हैं।

मैं मानता हूँ कि जीवन हमें हर दिन कुछ सिखाता है, बस आवश्यकता है उसे महसूस करने और स्वीकार करने की। यदि इन पंक्तियों में आपको अपने जीवन का कोई अंश दिखाई दे, कोई स्मृति जाग उठे या कोई अनकहा भाव शब्द पा जाए, तो मेरा प्रयास सफल होगा।

Acknowledgements

इस पुस्तक की रचना-यात्रा में अनेक लोगों का प्रत्यक्ष और अप्रत्यक्ष योगदान रहा है।

मैं अपने परिवार का हृदय से आभारी हूँ, जिनकी प्रेरणा और धैर्य ने मुझे लिखने की स्वतंत्रता दी। उनके विश्वास ने ही मेरे शब्दों को साहस दिया।

अपने मित्रों और सहयोगियों का भी धन्यवाद, जिन्होंने समय-समय पर मेरी रचनाएँ सुनीं, सुझाव दिए और उत्साहवर्धन किया। मेरे जीवनसाथी और प्यारे बच्चों के प्रेम और समर्थन से ही यह यात्रा संभव हुई, जो निरंतर कहते रहे - *"इसे एक संकलन की तरह प्रकाशित करो।*

अंततः, उन सभी अनुभवों का आभार, जिन्होंने मुझे संवेदनशील बनाया—क्योंकि बिना अनुभव के कविता संभव नहीं, और बिना **संवेदना** के जीवन।

1. संवाद जारी है

करना था क्या, किया क्या,
सोचा तो था हुआ क्या,
किया तो बहुत मिला क्या,
उत्तर क्या सिर्फ भाग्य है ?
मस्तिष्क और ह्रदय का,
प्रलाप जारी है
निष्कर्ष कुछ नहीं पर
संवाद जारी है, संवाद जारी है।

जेहन में बसे एक स्वप्न का
रह रह कर कौंधना,
विचलित करना अंतर्मन को,
अपूर्णता के एहसास पर
संताप जारी है
सपनों के अवशेषों पर
संवाद जारी है, संवाद जारी है।

जन्म से ही जो कभी
जिजीविषु ना रहा,
मौत और जिंदगी का
मध्यांतर आंकता रहा
उसके कवलन हेतु क्यों
काल का अनवरत
प्रयास जारी है

संवाद जारी है, संवाद जारी है।

प्रात से हर रात तक
कितनी ही बार मृत्यु पर
ज़िन्दगी में अब भी क्यों
विश्वास बाकी है
मर भी गया लेकिन
दफ़न या ज्वलन ?
इस मृत्यु के दुर्भाग्य पर
संवाद जारी है, संवाद जारी है।

कुछ करबद्ध हाथों का
नतमस्तक शीशों का
विविध पुष्पों से सज्जित
अर्पित हुए हारों का
पूजित हो रहे प्रस्तरों से
"उसके" अस्तित्व पर
संवाद जारी है, संवाद जारी है।

2. संवेदना

बस यूँ ही मोम की तरह गलता रहा हूँ मैं,
हवन ना बन सका बस जलता रहा हूँ मैं।

भावनाएं प्रचुर थीं, आहत भी सारी हो गयीं,
विलक्षणिता की प्रवृत्ति शून्य में कहीं खो गयी,
विशेष था पर शेष क्या ? हर एक इंगित कर रहा,
निःशब्द पृष्ठों की तरह पलटा गया हूँ मैं।

हवन ना बन सका बस, जलता रहा हूँ मैं ,
बस यूँ ही मोम की तरह गलता रहा हूँ मैं।

परिवर्तनों की आँधियाँ ना जिसको हिला सकीं ,
अपेक्षा की पूर्ति में, घुलता रहा हूँ मैं,
समीक्षाओं का समीकरण, सुलझा नहीं कभी,
परिपक्वता के जाल में फँसता रहा हूँ मैं।

अश्रु जल प्रपात में धुलता रहा हूँ मैं,
हवन ना बन सका बस जलता रहा हूँ मैं।

बस यूँ ही मोम की तरह गलता रहा हूँ मैं,
हवन ना बन सका बस जलता रहा हूँ मैं।

3. काश, काश काश...

बोझिल आशा के साथ एक और खिलवाड़,
दब सा गया अदम्य साहस और हर एहसास,
असीम वेदना से लिप्त, हर तर्क से परे,
अब सिर्फ यही विचार, काश, काश काश...।

अंतरदमन के विष से अछूता कैसे रहूँ,
कोई कहे कुछ भी, पर कैसे करूँ विश्वास,
मानसिकता हुई कलुषित, अहम् भी डिगने लगा,
सहन होता नहीं अब तो, व्यंग्य और परिहास।
बोझिल आशा के साथ एक और खिलवाड़।

सुन तो सकते हैं मगर, कह नहीं सकते हैं कुछ,
मूक हर संवाद है, फिर भी कुछ प्रयास,
है विचारों में अलंकृत, मूर्त कैसे करूँ,
खामोश हर शब्द है, बस अर्थ की तलाश।
बोझिल आशा के साथ एक और खिलवाड़।

सहम जाता हूँ अब, हर उजाली रात मैं,
साथ कोई भी नहीं, दूर या फिर पास,
झूठ है जो भी प्रदर्शित, ग्रहण कैसे करूँ,
मूक है संवेदना, बस त्रास, त्रास, त्रास।
बोझिल आशा के साथ एक और खिलवाड़।

भावना भी बिंध गयी क्रूर काल चक्र में,

रुंध गया मस्तिष्क भी, अब नहीं कोई आस,
ठहर जाऊंगा शायद, कहाँ लेकिन नहीं पता,
रुक गयी हर कल्पना, है जिंदगी निःश्वास।

बोझिल आशा के साथ एक और खिलवाड़,
दब सा गया अदम्य साहस और हर एहसास,
असीम वेदना से लिप्त, हर तर्क से परे,
अब सिर्फ यही विचार, काश, काश काश...।

4. ऐ मृत्यु ! जरा रुक जाओ

ऐ सौम्य क्षणिक है ये मंजर, ये आस किसे है बोलो तुम
इस सत्य वृथा की दुविधा में, अभिव्यक्त हुआ क्या बोलो तुम।

अनजान वेदना से पीड़ित, तृप्ति का साधन ढूंढ रहे,
कुछ भोगी जोगी बनकर, मन की थिरता को खोज रहे,
निज वाह्य चक्षु उच्छालित कर, अन्तः पटलों को खोलो तुम।
इस सत्य वृथा की दुविधा में, अभिव्यक्त हुआ क्या बोलो तुम।

माना संतोष बड़ा धन है, पर संतोषी क्यों होते हो,
आकांक्षा के इस सागर में, बड़वानल तुम क्यों होते हो,
विश्वास के बिखरे सीपों में, आशा के मोती बोओ तुम।
इस सत्य वृथा की दुविधा में, अभिव्यक्त हुआ क्या बोलो तुम।

विश्रांत, थकित, बोझिल मन में, जीने की आशा बाकी है,
गैरों का धोखा झेल गए, यारों से मिलना बाकी है,
कुछ और, देखना बाकी है, ऐ मृत्यु ! जरा रुक जाओ तुम।

5. भाग्य का आसमाँ

मेरा तो नसीब ही खोटा हो गया,
भाग्य का आसमाँ छोटा हो गया।

कुछ दूर सामने ही, हमारे थी मंजिलें,
मंजर वो हमसे फिर भी, अछूता रह गया,
अनजान डगर होती तो, संभाला जाता मगर,
जिस राह पर चले वहीं, धोखा हो गया।
मेरा तो नसीब ही खोटा हो गया, भाग्य का आसमाँ छोटा हो गया।

किसी और के अस्तित्व का अनुमान क्यों करें,
अपना ही गुमान जब, बाकी ना रह गया,
शिकवे गिले किसी से हम किसलिए करें,
इंसान आज का बस मुखौटा ही रह गया।
मेरा तो नसीब ही खोटा हो गया, भाग्य का आसमाँ छोटा हो गया।

कुछ दूर धुंधला देख कर, एक आस थी बंधी,
जितना भी हम आगे बढ़े, वो पीछे सरक गया,
अदृश्य ठोकरों से, जो निशान मिले,
बस जिंदगी भर उसे, धोता रह गया।
मेरा तो नसीब ही खोटा हो गया, भाग्य का आसमाँ छोटा हो गया।

आज मैं खड़ा जहाँ वह ऐसा मुकाम था,
वेदना का प्रवाह ही, प्रारब्ध बन गया,
मंझधार धार तेज थी, आगे ना बढ़ सके,

खेने वाला अंत तक, बस खेता ही रह गया।
मेरा तो नसीब ही खोटा हो गया, भाग्य का आसमाँ छोटा हो गया।

विकास के विराम का, अनुमान तो ना था,
गुबार उठ के मन में, ठंडा सा हो गया,
विश्वास में हमारे, इस कदर कमी तो ना थी,
फिर कर्म क्यों भाग्य पर रोता रह गया।
मेरा तो नसीब ही खोटा हो गया, भाग्य का आसमाँ छोटा हो गया।

6. क्षितिज का आंकलन

क्षितिज का आंकलन रास नहीं आया
धरा का सिरा क्यों पास नहीं आया।

अभीष्ट ही लक्ष्य था, उत्साह, उमंग, उत्तेजना,
भावना को बेंधकर, बह चला सागर मन का,
क्षितिज तक पहुंचे अगर, काश रुक जाती तरंगे,
उन्मुक्त, शांत लहरों में, ज्वार क्यों आया।

क्षितिज का आंकलन रास नहीं आया
धरा का सिरा क्यों पास नहीं आया।

उल्लास में उन्मत्त हो, पाँव बढ़ते रहे,
एक ही खुमार था, एक थी आकांक्षा,
पर ढूंढने निकले हम, जब भी क्षितिज को,
आसमां, जमीं के पास नहीं आया।

क्षितिज का आंकलन रास नहीं आया
धरा का सिरा क्यों पास नहीं आया।

उद्वेग में उद्विग्न हो, शांत चलते रहे,
उन्माद की तपिश को, सहन करते रहे,
क्षितिज भी होता निकट, यदि सूर्य ना होता प्रकट,
आग को इस धरा पर, प्यार क्यों आया।

क्षितिज का आंकलन रास नहीं आया
  धरा का सिरा क्यों पास नहीं आया।

जरा रुक जाता समय तो, पा ही लेते मंजिलें,
देख लेते हम वो मंजर, मिल चुके हैं अनमिले,
साम्य रहता सान्ध्य में, रात्रि और प्रभात में,
भास्कर की भाष का, आभास नहीं पाया।

क्षितिज का आंकलन रास नहीं आया
  धरा का सिरा क्यों पास नहीं आया।

7. तिमिर और प्रकाश

किरण हो प्रथम या, अंत ही मगर,
धुंध में मलिन और लुप्त क्यों होगी,
ज्योति बनकर इस मही में, जब जहाँ पहुंचे,
तिमिर में प्रकाश का विस्तार होता है।

भास्कर में है तपन, या उत्तेजना का प्रस्फुटन ?
आवेश में मन्मथ हलाहल, संगुणन प्रस्तेज का,
सांध्य में निस्तेज लगता, है दिशित किस लक्ष्य को ?
आगोश में ही आक्रोश का संचार होता है।

अंशु के अस्त में कहीं, उदय का भी अंश है,
क्षितिज की है निकटता, पर आदि है या अंत है ?
लालिमा है फिर वही, फिर वही परिक्रमा,
निशा में ही प्रभात का इंतज़ार होता है।

किरण हो प्रथम या, अंत ही मगर,
धुंध में मलिन और लुप्त क्यों होगी,
ज्योति बनकर इस मही में, जब जहाँ पहुंचे,
तिमिर में प्रकाश का विस्तार होता है।

8. फिर वही तुम

आलम्ब के बिना भी, अस्तित्व है किसका,
संतृप्त हो गया क्या, अधिकार है जिसका।

ज्ञान है समुन्दर, कुछ बूँद चुन ना लेना
अज्ञान की विरासत, अक्षुण्ण ही रहेगी,
पतित हो की दृष्टा, तुमको ना देख पाए,
आरंभ हो गए क्यों? ये कर्म है किसका ?
    संतृप्त हो गया क्या, अधिकार है जिसका।

कुछ प्रस्तरों से पालित, दुर्गम सी राह में भी,
विस्तार की विशाखा, क्यों हमको ही सींचनी है ?
भावना मैं इच्छित, उज्जवल भविष्य था पर,
अभिशाप मिल गया तो, कसूर है किसका ?
    आलम्ब के बिना भी, अस्तित्व है किसका।

आबद्ध ही रहो तुम, आसक्ति में हमेशा,
आगार की परिधि से, आगे ना सोच लेना,
आनंद में विमोहित, सुसुप्त ही रहो तुम,
गर भाग्य चल गया तो, वक़्त है किसका।
    संतृप्त हो गया क्या, अधिकार है जिसका।

स्वतः गर मिल जाए तो, क्यों बनो तुम उद्यमी ?
समय तेरा आएगा, तू भी होगा अग्रणी,

अन्य कोई अग्र हो तो, व्यतिथ क्यों हो तुम,
कौन उसके बाद में, सिर्फ हो तुम, फिर वही तुम।

9. एक पौधे की तलाश

एक पौधे की तलाश है, फिर इस मरुस्थल में,
चलते चलते अकेले, होकर विकल, शायद
देखा दूर दूर तक,
कोई भी नहीं, सिर्फ तन्हाई,
पहुंचा भी अगर
तो सिर्फ था, छाया, एक छद्म,
किसी और वेश में, मिलने आई मुझसे,
तन्हाई, जो है शायद, आजीवन हमसाथी,
फिर एक तूफ़ान सा
उठ रहा है अंतर में,
विचलित हो रहा हूँ में
क्यों नहीं होती प्रतिबिंबित, राहें भविष्य की
शायद, हाँ शायद,
अब नहीं सह सकता और प्रताड़ना,
विवश कर रही है यह मानसिक उद्वेलना,
शायद इसीलिए, एक पौधे की तलाश है, इस मरुस्थल में,
जानता हूँ मैं
नहीं मिल सकता ठहराव, यहाँ सदा के लिए
लेकिन फिर भी, शायद कुछ पल शांति से गुजार सकूँ,
मिल जाए थोड़ा सहारा, उसकी छाँव में,
विह्वल हो जायेगी भावना,
संतुष्ट हो जायेगी आस्था,
इसीलिए ढूँढ रहा हूँ अनवरत,
एक छाँव, एक सहारा,

कहीं खो ना बैठूँ आस,
मालूम है की यदि, असंभव नहीं तो भी है अत्यंत दुष्कर,
फिर भी, इसीलिए, हाँ इसीलिए,
एक पौधे की तलाश है, फिर इस मरुस्थल में।

10. सागर की गहराई

कुछ देर अगर सागर स्थिर रहता,
चंचल मस्त तरंगों की अठखेलियाँ,
इस स्थिर तट से टकराकर शांत हो जातीं,
तो शायद मैं उसकी गहराई नाप लेता।

किन्तु डरता हूँ कि उसकी अथाह गहराइयों में,
ढूँढते-ढूँढते, शायद सतह के अस्तित्व को
स्वयं को ही विस्मृत ना कर डालूं, कहीं मैं,
और कहीं डूब ना जाऊँ, उसके अपार साम्राज्य में।

इसीलिए ना जाने, कब से यहीं बैठा हूँ,
अचल, स्थिर मूक, अविरत करता प्रतीक्षा,
भोर, संध्या, रात्रि, फिर ऊषा और निशा की,
चल रहा है यही, कालचक्र अनिश्चित समय से।

ऐसा भी नहीं कि, मैं पूर्णतया अपरिचित हूँ,
कभी मद्धिम भी होती, उन्मुक्त गतिमान लहरों से
परिचय भी हुआ है उनसे, कुछ सुखद छीटों के रूप में,
कभी सोचता हूँ कि आज गहराइयों में उतर ही जाऊँ।

किन्तु डरता हूँ कि उसकी अथाह गहराइयों में
ढूँढते-ढूँढते, शायद सतह के अस्तित्व को
स्वयं को ही विस्मृत ना कर डालूं, कहीं मैं,
और कहीं डूब ना जाऊँ, उसके अपार साम्राज्य में।

कह नहीं सकता सागर से की शान्त हो जा,
समा ले मुझे कुछ देर अपने आगोश में,
नहीं मालूम कि ये करना चाहिए या नहीं,
लेकिन, शायद इसीलिए जा रहा हूँ उससे मुँह फेरकर,

जाओ, शायद इन आँखों में बहुत गहराई है,
और मेरे अस्तित्व की ऊँचाई इतनी अधिक नहीं,
कि ढूँढ पाऊँ स्वयं को, सतह पर पहुँच कर...

11. अवसर

आलोप करो मत तुम अवसर,
अवधूत नहीं सब ज्ञानी हैं
कुछ प्राप्य नहीं अवशेषों से
जो ढूँढ रहे अज्ञानी हैं।

उठ जाग अभी ना तिमिर रहा,
झंकृत कर वीणा तारों को
स्वयमेव बनेगी फिर सरगम
सुर साध बनो गर साधक तुम।

तेरे पुण्य कर्म की रागिनी से,
सब बिखरे स्वर संधान हुए
संघर्षों के तीक्ष्ण प्रदर्शन,
साहस से आसान हुए।

संगीत बनेगा जीवन भी
पथ पर गर गतिमान हुए
रुक जाएगा कालचक्र भी
तुझे देखेगा हैरान हुए।

12. एक और सपना

आँखों में एक और सपना
शायद रात का दुष्प्राप्य स्वप्न
कोसों दूर आगे आगे जा चुकी जिंदगी
फिर भी साथ चलने का निरा भ्रम।

आज पास कोई भी नहीं,
सिर्फ़ मूक कंकाल,
जो शायद
समय के साथ न चल पाए,
और बीतते वक़्त में,
कंकाल बन जाए
लेकिन मैं; अभी नहीं।
अब भी;
कर रहा हूँ अविरत संघर्ष
इस निष्प्राण वातावरण में
        सिर्फ़ बने रहने का।

किन्तु, अब;
यह कैसा स्वप्न,
निस्तेज प्राणों में फिर क्षणिक स्फूर्ति,
आवरित करती वेदना के असंख्य घावों को,
हो रहा था जिससे विदीर्ण,
किन्तु यह कल्पित समय,
    और कितनी देर ?

फिर हो जायेगी वही अवस्था
शायद, इसीलिए;
हो रही हैं पुनः आँखें बोझिल,
देखने को फिर कुछ, दुष्प्राप्य!!

13. आशा और निराशा

दो गज ज़मीं को देखकर सोचता क्या,
एकत्र अपने कब्र का सामन कर;
सब व्यर्थ है जिसमें भी तेरी आसक्ति थी,
ना सोच कुछ ना किसी को याद कर;
मुँह फेरने वाले कभी के जा चुके,
बस बैठ जा और, मौत का इंतज़ार कर।

ढूंढने से ना मिलेगी शान्ति तुझको,
विह्वल हृदय को अब ज़रा शान्त कर;
हो रहा है क्यों परेशान दूसरों के लिए
ज़रा दूसरों में स्वयं का अनुमान कर;
कर्म से पाया सभी कुछ देख ले
अब भाग्य पर हर, काम का अंजाम कर।

कर चुका वर्णन असीमित निराश का,
इस दिशा का अब तो तू कल्पांत कर;
उद्वेलना ने जड़ तुझे है कर दिया क्यों,
भावनाओं की तरंगें तेज़ कर;
करबद्ध कर फिर लेखनी को डुबा मसि में
काव्य में बस आस का व्याख्यान कर।

यामिनी की वेदना से त्रसित है तो,
नयी आस से हर भोर का आगाज़ कर;
उषा की हर सुनहरी किरण तो,

बादलों में पंथ अपना ढूंढ लेगी;
हाथ अपने प्रज्वलित दीप लेकर
हर सुबह ना सूर्य को परेशान कर
  यामिनी की वेदना से त्रसित है तो,
  नयी आस से हर भोर का आग़ाज़ कर।

14. कब खत्म होगी मेरी तलाश

और एक अंधकार,
कुछ दबा सा गुबार,
और अधिक किंकर्तव्यविमूढ़ता
शान्ति ही हो रही है सर्वत्र प्रतिध्वनित,
कुछ अदृश्य से हो रहा विरक्त,
क्यों नहीं बनता सामंजस्य,
यही एक उलझा रहस्य।

क्यों नहीं आया आवेग,
क्यों है किसी आलम्बन की प्रतीक्षा,
अंतर में हो रहा क्या मार्मिक दलन,
मलिन क्यों हो रही हर इच्छा।

भावों का ज्वार थमा सा क्यों है,
क्यों सूना सा है अंतर्मन,
स्वर-विहीन सी हो रही वाणी,
श्वासों में उलझ रहा स्पंदन।

किसी अपूर्णता के हनन पर भी,
क्यों है यही जीवंत एहसास,
पूर्णता पर भी, अन्त की
कब खत्म होगी मेरी तलाश।

15. छलकता हुआ आँसू

छलकता हुआ आँसू तो, कुछ पल में सूख जायेगा,
निकल रही है आह जो, गहराई किसने देखी है,
छुपाना किससे है हमें, ये हाल जिन्दगी का,
चलती हुई इस लाश की, तन्हाई किसने देखी है।

टूट कर पत्ता कभी, किसी शाख से जुड़ा नहीं,
खुद गिरा या गिरा दिया, क्यों गिरा पता नहीं,
कुचलने को तैयार हैं, हर कदम हर राह से,
खुदगर्ज आहटों ने भी, भलाई किसकी देखी है।
छलकता हुआ आँसू तो, कुछ पल में सूख जायेगा,
निकल रही है आह जो, गहराई किसने देखी है।

बाँध कर रखा है कब से, दिल में हर गुबार को,
पर सुर्ख आँखों में दर्द की, परछाई किसने देखी है,
जिक्र भी होता है पर, कह नहीं सकते हैं कुछ,
बोलती आँखों से, खामोश भावों की, गवाही किसने देखी है।
छलकता हुआ आँसू तो, कुछ पल में सूख जायेगा,
निकल रही है आह जो, गहराई किसने देखी है।

नींद भी आती है पर, चाँदनी रातों में भी,
स्वप्न के धरातल पर बस, विदायी किसने देखी है,
कैसे बदल लें हम यूँ ही, हर राह जिन्दगी की,
आँख से अश्क की, बस जुदाई हमने देखी है।
छलकता हुआ आँसू तो, कुछ पल में सूख जायेगा,

निकल रही है आह जो, गहराई किसने देखी है।
छुपाना किससे है हमें, ये हाल जिन्दगी का,
चलती हुई इस लाश की, तन्हाई किसने देखी है।

16. कल्पना

जब तुम्हें शाम ढलने का विश्वास हो जाये,
रात हो रही है ये, आभास हो जाये,
कल्पना तब करेंगे, हम सुबह होने की,
जब चमकता चाँद ये, खामोश हो जाये।

जन्म के पहले भी, और मौत के बाद भी,
रूह इस शरीर से, अनजान हो जाये,
करेंगे आरम्भ हम, फिर से जिन्दगी,
जब धड़कता दिल ये, शान्त हो जाये।

जब तुम्हें शाम ढलने का विश्वास हो जाये,
रात हो रही है ये, आभास हो जाये,
कल्पना तब करेंगे, हम सुबह होने की,
जब चमकता चाँद ये, खामोश हो जाये।

ख्वाब तो अनेक हैं, पर देखे ही नहीं,
कहीं फिर से रात ना ये, खत्म हो जाये,
ढूँढता भी हूँ अगर तो, दो पल की शान्ति,
बस एक बार आँख ये, बन्द हो जाये।
कल्पना तब करेंगे, हम सुबह होने की,
जब चमकता चाँद ये, खामोश हो जाये।

हर श्वास से निःश्वास तक, बस यही सोचता हूँ,
मस्तिष्क को हृदय का, भान हो जाये,

चपलता होगी तिरस्कृत, विविधता के सामने,
मन की गति में जब कोई, व्यवधान आ जाये।
कल्पना तब करेंगे, हम सुबह होने की,
जब चमकता चाँद ये, खामोश हो जाये।

क्या वास्तविकता है वही, जो लकीरों में लिखी,
फिर कर्म और भाग्य को, क्यों गिना जाये,
करेंगे प्रारम्भ हम, तब फिर से वंदना,
जब मन्दिरों का मूक पत्थर, वाचाल हो जाये।

जब तुम्हें शाम ढलने का विश्वास हो जाये,
रात हो रही है ये, आभास हो जाये,
कल्पना तब करेंगे, हम सुबह होने की,
जब चमकता चाँद ये, खामोश हो जाये।

17. संबंधों की चादर

संबंधों की चादर क्यों, कटकर फटकर बेकार हो गई,
पैबन्द लगायें भी कैसे, जब सिलने को आधार खो गई।

लक्ष्य नहीं पर राह पता है, श्रांत किन्तु हों फिर क्योंकर?
क्षणभर के विश्राम मात्र से, हमराही की भरमार हो गई,
संकीर्ण स्वत्व में लिप्त रहे और, अन्यत्र डगर ली खोज मगर,
हर ओर बुझा मन क्यों बुझता, गर एक दिशा बेकार हो गयी।

संबंधों की चादर क्यों, कटकर फटकर बेकार हो गई,
पैबन्द लगायें भी कैसे, जब सिलने को आधार खो गई।

व्यक्त करे अव्यक्त भाव को, ऐसा हृदय नहीं मिलता,
केवल वाह्य दिखावे से तो, अन्तःकरण नहीं खिलता,
सतत निकटता बढ़ जाये पर, दिल की दूरी नहीं घटी,
दोगलपन आवृत्त मनस पर, हर कोशिश बेकार हो गई।

संबंधों की चादर क्यों, कटकर फटकर बेकार हो गई,
पैबन्द लगायें भी कैसे, जब सिलने को आधार खो गई।

चेहरे पर चेहरे की छाया, अब तक असल छुपायेगी,
उच्च प्रदर्शन के प्रयास में, खुद से दूर भगायेगी,
निष्पक्ष भाव से ये तेरा, कब तुझसे परिचय करवायेगी,
ग्लानि नहीं अब भी, तो क्या, आत्मा की आवाज सो गई।

संबंधों की चादर क्यों, कटकर फटकर बेकार हो गई,
पैबन्द लगायें भी कैसे, जब सिलने को आधार खो गई।

समय चक्र के साथ सभी का, स्वार्थ बदलते देखा है,
कुछ कागज की हरियाली से, पुरुषार्थ बदलते देखा है,
पर-हेतु अडिग लेकिन खुद पर, आदर्श बदलते देखा है,
स्वान्त हो; या अन्त स्व का ! परिस्थितियों की मोहताज हो गई।

संबंधों की चादर क्यों, कटकर फटकर बेकार हो गई,
पैबन्द लगायें भी कैसे, जब सिलने को आधार खो गई।

18. कविता

विचारों के संकलन की विधा है कविता,
लेखनी से जनित, मस्तिष्क और हृदय की दुविधा है कविता;
बस, भावनाओं का निचोड़ है कविता,
अर्थ के प्रस्फुटन हेतु, शब्दों का गठजोड़ है कविता।

कभी तो मन की कोई चुभन है कविता,
कभी यथार्थ से परे, कल्पना लोक में भ्रमण है कविता;
कभी तो टूटे दिल की आह है कविता,
कभी रस की फुहार, कभी विरह में मीठी बयार है कविता।

आँखों से जो देख न सकें, कानों से सुन ना सकें,
आईना भी जिसका अक्स ना परिमित कर सके;
कैसी अजीब, मारीचिका है कविता,
शब्दों की गागर, अर्थ की सागर है कविता।

अथाह वेदना, असीमित गहराई, अनछुआ स्पर्श,
बस, केवल शब्दों से अवर्णनीय है कविता;
उन्मुक्त उड़ान सी आज़ाद, पर विचार-आधीन है कविता,
कर्णभेदी शोर में भी शान्त, खामोश, गुंजन है कविता।

www.ingramcontent.com/pod-product-compliance
Lightning Source LLC
La Vergne TN
LVHW050825051026
849532LV00008B/3127
9789375274629